河 南 省 地 方 标 准

煤制油渣改性沥青路面施工技术规范

Technical Specification for Construction of Asphalt Pavement Modified by Slag of Coal to Oil

DB 41/T 1610—2018

主编单位：河南省交通规划设计研究院股份有限公司
　　　　　河南中原公路勘察设计有限公司
　　　　　河南中原高速公路股份有限公司新登分公司
　　　　　北京紫瑞天成科技有限公司
　　　　　河南交科公路研究院有限公司
　　　　　郑州大学
　　　　　河南省高速公路养护智能决策工程研究中心
批准部门：河南省质量技术监督局
实施日期：2018 年 09 月 19 日

人民交通出版社股份有限公司
China Communications Press Co.,Ltd.

图书在版编目(CIP)数据

煤制油渣改性沥青路面施工技术规范/河南省交通规划设计研究院股份有限公司等主编.—北京:人民交通出版社股份有限公司,2018.10
ISBN 978-7-114-15084-5

Ⅰ.①煤… Ⅱ.①河… Ⅲ.①改性沥青—沥青路面—路面施工—技术规范—河南 Ⅳ.①U416.217-65

中国版本图书馆CIP数据核字(2018)第240029号

河南省地方标准

书　　　名:	**煤制油渣改性沥青路面施工技术规范**
主编单位:	河南省交通规划设计研究院股份有限公司
	河南中原公路勘察设计有限公司
	河南中原高速公路股份有限公司新登分公司
	北京紫瑞天成科技有限公司
	河南交科公路研究院有限公司
	郑州大学
	河南省高速公路养护智能决策工程研究中心
责任编辑:	李　瑞
责任校对:	宿秀英
责任印制:	张　凯
出版发行:	人民交通出版社股份有限公司
地　　　址:	(100011)北京市朝阳区安定门外外馆斜街3号
网　　　址:	http://www.ccpress.com.cn
销售电话:	(010)59757973
总　经　销:	人民交通出版社股份有限公司发行部
经　　　销:	各地新华书店
印　　　刷:	北京市密东印刷有限公司
开　　　本:	880×1230　1/16
印　　　张:	1.25
字　　　数:	33千
版　　　次:	2018年10月　第1版
印　　　次:	2018年10月　第1次印刷
书　　　号:	ISBN 978-7-114-15084-5
定　　　价:	20.00元

(有印刷、装订质量问题的图书由本公司负责调换)

DB 41/T 1610—2018

目　次

前言 ·· II
1 范围 ··· 1
2 规范性引用文件 ··· 1
3 术语和定义 ·· 1
4 材料 ··· 2
　4.1 煤制油渣添加剂 ··· 2
　4.2 基质沥青 ··· 2
　4.3 集料及填料 ·· 2
5 混合料配合比设计 ·· 2
　5.1 一般规定 ··· 2
　5.2 煤制油渣添加剂掺量 ·· 2
　5.3 配合比设计 ·· 2
6 施工技术要求 ·· 4
　6.1 一般规定 ··· 4
　6.2 施工准备 ··· 5
　6.3 混合料的拌制 ··· 5
　6.4 混合料的运输与摊铺 ·· 5
　6.5 混合料的压实及成型 ·· 5
　6.6 开放交通及其他 ··· 5
　6.7 路面施工接缝 ··· 6
7 质量管理与检查验收 ··· 6
　7.1 材料检查 ··· 6
　7.2 施工过程中质量管理与检查 ·· 6
　7.3 交工验收工程质量检查与验收 ··· 6
附录 A（规范性附录） 煤制油渣颗粒度测定方法 ·· 7
附录 B（规范性附录） 煤制油渣含水率测定方法 ·· 8
附录 C（规范性附录） 煤制油渣改性沥青混合料配合比设计要求 ·································· 9
附录 D（资料性附录） 煤制油渣改性沥青混合料配合比示例 ······································· 10

I

前言

本标准按照GB/T 1.1—2009给出的规则起草。

本标准由河南省交通运输厅提出。

本标准起草单位：河南省交通规划设计研究院股份有限公司、河南中原公路勘察设计有限公司、河南中原高速公路股份有限公司新登分公司、北京紫瑞天成科技有限公司、河南交科公路研究院有限公司、郑州大学、河南省高速公路养护智能决策工程研究中心。

本标准主要起草人：王笑风、吉世鹏、李林涛、郭桂林、李铁成、胡予磊、胡占红。

本标准参加起草人：郝孟辉、梁清源、杨博、陈晓、胡超峰、卢旺林、乐金朝、武少峰、朱大治、武威、阴麒麟、刘军、吴禹、庞占勇、祝闯、康存利、李瑞霞、陈凌、王一杰、任丙彦、胡伦福、张鸿志、曹锋军、贾海洋、李威、王晓力、毛海臻、辛贝贝、王中一、崔高雅、马转、李崔义、刘恒光、樊子琪。

煤制油渣改性沥青路面施工技术规范

1 范围

本标准规定了煤制油渣改性沥青路面施工的术语和定义、材料、混合料配合比设计、施工技术要求、质量管理与检查验收。

本标准适用于各等级公路煤制油渣改性沥青路面施工，其他道路也可参照执行。

2 规范性引用文件

下列文件对于本文件的应用是必不可少的。凡是注日期的引用文件，仅注日期的版本适用于本文件。凡是不注日期的引用文件，其最新版本（包括所有的修改单）适用于本文件。

GB/T 1033　　塑料　非泡沫塑料密度的测定
GB/T 1034　　塑料吸水性的测定
GB/T 3682　　热塑性塑料熔体质量流动速率和熔体体积流动速率的测定
GB/T 29050　道路用抗车辙剂沥青混凝土
JT/T 860　　沥青混合料改性添加剂
JTG E20　　公路工程沥青及沥青混合料试验规程
JTG E42　　公路工程集料试验规程
JTG F40　　公路沥青路面施工技术规范
JTG F80/1　公路工程质量检验评定标准　第一册　土建工程

3 术语和定义

下列术语和定义适用于本文件。

3.1
煤制油渣添加剂

以煤制油副产物油灰渣为主要原料，辅以高分子有机化合物材料，经过物理共混改性加工而成的均匀颗粒的路用改性材料。

3.2
煤制油渣改性沥青混合料

由煤制油渣添加剂、基质沥青以及一定级配的矿质集料及填料通过直投式工艺高温拌和得到的符合技术要求的沥青混合料。

3.3
直投式工艺

将一定级配的集料加入拌缸后，再将煤制油渣添加剂通过吹入或皮带运输等机械方式直接投入拌缸中，后续加入基质沥青、矿粉等拌和的工艺。

4 材料

4.1 煤制油渣添加剂

技术要求见表1。

表1 煤制油渣添加剂技术要求

项 目	单 位	技 术 要 求	试 验 方 法
外观	—	颗粒状,均匀、无黏结	目测
颗粒度	%	≥95	附录A
密度	g/cm³	1.08～1.12	GB/T 1033
含水率	%	≤0.1	附录B
熔融指数	g/10 min	≥0.3	GB/T 3682
针入度(25℃)	0.1 mm	1.0～5.5	JTG E20T 0604
软化点	℃	≥110	JTG E20T 0606
黏度(220℃)	mPa·s	≥3 000	JTG E20T 0625
吸水率	%	≤0.5	GB/T 1034

4.2 基质沥青

宜选用符合 JTG F40 相关规定的 70 号或 90 号 A 级道路石油沥青。

4.3 集料及填料

粗集料、细集料及填料的技术要求应符合 JTG F40 的相关规定。

5 混合料配合比设计

5.1 一般规定

5.1.1 配合比设计应采用沥青混合料配合比设计方法,包括目标配合比设计、生产配合比设计以及生产配合比验证三个阶段。

5.1.2 生产配合比设计阶段应对各冷料仓进行标定,按目标配合比设计的冷料比例确定各冷料仓的皮带转速。

5.2 煤制油渣添加剂掺量

可参考已有工程经验,结合项目特点综合确定,一般为基质沥青用量的 12%～20%,并等量减少基质沥青用量。

5.3 配合比设计

5.3.1 混合料的目标配合比设计流程见图1。
5.3.2 混合料设计级配范围应符合表2的要求。

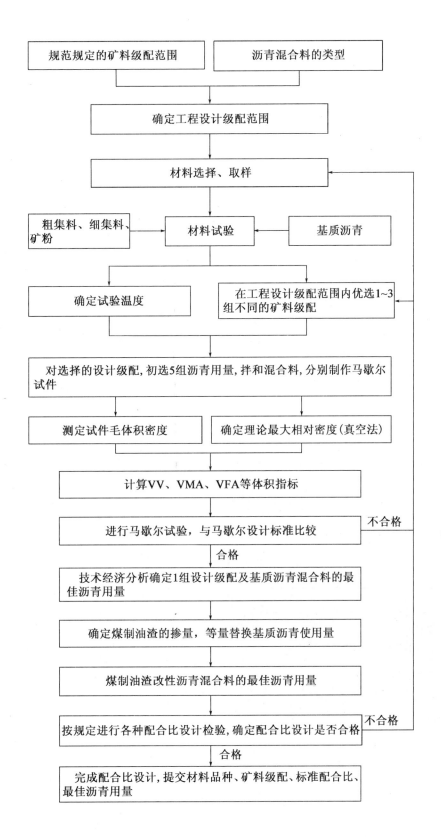

图1 混合料目标配合比设计流程图

表2 矿料级配范围

级配范围	通过下列筛孔(mm)的质量百分率(%)											
	26.5	19	16	13.2	9.5	4.75	2.36	1.18	0.6	0.3	0.15	0.075
AC–13	—	—	100	90~100	68~85	38~68	24~50	15~38	10~28	7~20	5~15	4~8
AC–16	—	100	90~100	76~92	60~80	34~62	20~48	13~36	9~26	7~18	5~14	4~8
AC–20	100	90~100	78~92	62~80	50~72	26~56	16~44	12~33	8~24	5~17	4~13	3~7

5.3.3 混合料配合比设计宜采用 JTG E20 规定的马歇尔试验方法,其技术要求应符合表3的规定。当采用其他设计方法时,应按本标准规定进行马歇尔试验及各项配合比设计检验。

表3 混合料马歇尔试验技术标准

试验指标		单位	技术标准
击实次数		次	75(双面)
稳定度		kN	≥8
流值		mm	1.5~5
设计空隙率 VV		%	3~5
沥青饱和度 VFA		%	65~75
矿料间隙率 VMA(当空隙率为4%时)	相应公称最大粒径(mm)	%	—
	19		≥13
	16		≥13.5
	13.2		≥14

5.3.4 按 JTG E20 规定的试验方法进行路用性能试验,各项性能指标应符合表4的要求。

表4 混合料路用性能技术要求

项 目	单 位	技术要求	试验方法
动稳定度	次/mm	≥3 500	JTG E20 T 0719
浸水马歇尔试验残留稳定度	%	≥85	JTG E20 T 0709
冻融劈裂试验的残留强度比	%	≥80	JTG E20 T 0729
低温弯曲试验破坏应变	με	≥2 500	JTG E20 T 0715
沥青混合料试件渗水系数	mL/min	≤80	JTG E20 T 0730

6 施工技术要求

6.1 一般规定

6.1.1 施工最低气温不应低于15℃,路面潮湿、大风、雨雪天气不得施工。
6.1.2 施工前应保证下卧层干燥、洁净、界面粗糙、结构完好。
6.1.3 正式施工前,应铺筑试验段。

6.2 施工准备

6.2.1 铺筑沥青面层前,应检查基层或下卧层的质量,不符合要求的不应铺筑。下卧层被污染时,应清洗或铣刨后方可铺筑沥青混合料。

6.2.2 施工温度应符合表5的要求。

表 5 施 工 温 度

工 序	控制温度(℃)	工 序	控制温度(℃)
基质沥青加热	155～165	摊铺	≥160
集料加热	190～200	初压开始	≥150
混合料出厂	175～185	碾压终了	≥90
混合料废弃	≥200	开放交通	≤50
混合料运输至现场	≥165		

6.3 混合料的拌制

6.3.1 各冷料仓应按已标定的皮带转速进行供料。

6.3.2 当原材料级配发生较大变化时,应重新进行目标配合比设计和各冷料仓的标定,并按重新标定后的皮带转速进行供料。

6.3.3 采用直投式工艺拌和,集料表面应均匀裹覆沥青结合料。

6.3.4 混合料宜采用间歇式拌和设备拌和,煤制油渣添加剂的投放与粗集料放料同时进行,先干拌10s,再加入沥青、矿粉湿拌不少于45s,总拌和时间应不少于55s。

6.3.5 煤制油渣添加剂宜采用设备吹入或皮带运输等机械方式连续投入,投放设备计量精度允许正误差2%,不允许出现负误差。

6.4 混合料的运输与摊铺

6.4.1 混合料的运输应考虑运距、拌和效率等因素配置足够的运料车。

6.4.2 混合料运输过程中应覆盖保温,运料车到达施工场地后,应逐车检测温度,不符合施工温度要求的混合料不得使用。

6.4.3 摊铺过程中,运料车应在摊铺机前方1m～3m处空挡等候,避免撞击摊铺机。

6.4.4 混合料摊铺宜采用大功率、抗离析摊铺机单机全幅摊铺或多台摊铺机梯队同步摊铺。

6.5 混合料的压实及成型

6.5.1 混合料各阶段压实应遵循"紧跟、有序、慢压、高频"的原则,碾压温度应符合表5的要求。

6.5.2 碾压速度和碾压温度应根据试验段确定,碾压段长度初压为10m～20m,复压及终压为20m～50m。

6.5.3 钢轮、胶轮压路机组合方式及碾压遍数应根据试验段确定,且压路机数量宜不少于5台。

6.6 开放交通及其他

6.6.1 煤制油渣改性沥青路面施工时应封闭交通,禁止车辆通行,待路面温度低于50℃时方可开放交通。

6.6.2 已铺筑好的煤制油渣改性沥青路面应控制交通,不得污染损坏,并做好通车后的养护管理工作。

6.7 路面施工接缝

6.7.1 路面施工接缝应紧密、平顺,不得形成明显的接缝离析。

6.7.2 上、下层的纵向接缝应错开15cm(热接缝)或40cm(冷接缝)以上。相邻两幅或上、下层的横向接缝应错开100cm以上。

7 质量管理与检查验收

7.1 材料检查

7.1.1 进场前,各种原材料应以"批"为单位取样检测,沥青、集料等重要材料应提交正式的检测报告,煤制油渣添加剂应根据表1要求提供检测报告,不符合要求的材料不得进厂。

7.1.2 煤制油渣添加剂运输时应避免日晒、潮湿、玷污及外包装划伤,保持外包装完好。

7.1.3 煤制油渣添加剂存放在干燥、通风处,避免紫外线照射,不得与有机溶剂一同存放。

7.1.4 煤制油渣添加剂进场后应按每100t或每批次的频率抽检,技术要求应符合表1的要求。

7.2 施工过程中质量管理与检查

7.2.1 施工过程中检查项目和检查频率应符合JTG F40的相关规定。

7.2.2 煤制油渣添加剂的掺量应按照设计文件规定执行,允许正误差2%,不允许出现负误差。

7.2.3 混合料成品温度应逐车检测,温度符合表5的规定。

7.2.4 路面压实度、空隙率、渗水系数应符合表6的规定。

表6 路面密实状况检查与验收技术要求

项目	单位	技术要求		试验方法
		上面层	中面层	
压实度	%	≥98	≥97	JTG E60 T 0924
空隙率	%	≤6	≤7	JTG E20 T 0705
渗水系数	mL/min	≤120	≤200	JTG E60 T 0971

7.3 交工验收工程质量检查与验收

交工验收过程中检查项目和频率应符合JTG F80/1的相关规定。

附 录 A
(规范性附录)
煤制油渣颗粒度测定方法

A.1 范围

本试验适用于确定煤制油渣的颗粒度。

A.2 试验仪器

电子天平:感量为0.01g;筛:孔径为2mm和8mm。

A.3 方法与步骤

A.3.1 双层筛分法,随机取约200g煤制油渣试样,称其质量为 m。
A.3.2 将已称量好的煤制油渣放在8mm筛上,保持水平状态过筛,左右往返,边筛边拍打3min。
A.3.3 取通过8mm筛和不能通过2mm筛的煤制油渣,称其质量为 m_1,计算其百分率 w。

A.4 计算

粒径在2mm~8mm之间的煤制油渣百分率按式(A.1)计算:

$$W = \frac{m_1}{m} \times 100 \qquad (A.1)$$

式中: W——粒径在2mm~8mm之间的煤制油渣质量百分率,%;
m_1——粒径在2mm~8mm之间的煤制油渣质量,kg;
m——煤制油渣试样总质量,kg。

A.5 试验结果

A.5.1 同一批次的煤制油渣需做平行试验三次,取其平均值作为试验结果。
A.5.2 粒径在2mm~8mm之间的煤制油渣质量百分率大于95%,则试样合格;否则,为不合格。

附 录 B
（规范性附录）
煤制油渣含水率测定方法

B.1 范围

本试验适用于确定煤制油渣的含水率。

B.2 试验仪器

电子天平：感量为0.01g；烘箱：温度设定值为100℃。

B.3 方法与步骤

B.3.1 取干燥、洁净的器皿，称其质量m_1；

B.3.2 随机取煤制油渣试样约100g，放入器皿中，称量并记录为m_2；

B.3.3 将已称量好的煤制油渣连同器皿放入100℃的烘箱中，烘干1h以上；

B.3.4 烘干1h后，每隔30min称取器皿和试样总质量，待前后两次质量相差小于0.1g时，将其拿到干燥器中冷却至室温，再称其质量m_3。

B.3.5 计算煤制油渣含水率ρ。

B.4 计算

煤制油渣含水率按式(B.1)计算：

$$\rho = \frac{m_3 - m_1}{m_2 - m_1} \times 100 \tag{B.1}$$

式中：ρ——煤制油渣含水率，%；
m_1——器皿质量，kg；
m_2——器皿和烘干前试样总质量，kg；
m_3——器皿和烘干后试样总质量，kg。

B.5 试验结果

同一批次的煤制油渣需做平行试验三次，取其平均值作为试验结果。

附 录 C
(规范性附录)
煤制油渣改性沥青混合料配合比设计要求

C.1 拌和时间

在室内进行沥青混合料目标配合比设计时,拌和顺序为先加热集料,再按比例加入煤制油渣,同时干拌90s,然后加沥青拌90s,再加矿粉拌90s。

C.2 试验温度

沥青混合料的试验温度应符合表C.1的规定。

表 C.1 混合料室内试验温度要求

工 序	控制温度(℃)	工 序	控制温度(℃)
集料和矿粉加热	170~175	拌和	160~165
沥青加热	155~165	试件成型	150~155

C.3 最大相对密度测定

本标准中沥青混合料理论最大相对密度应采用真空法测定,不允许采用计算法。

附 录 D
（资料性附录）
煤制油渣改性沥青混合料配合比示例

D.1 一般说明

本附录以 AC-16 配合比设计为例对煤制油渣改性沥青混合料配合比设计思路及流程加以说明。本示例所用沥青为 70 号道路石油沥青，采用马歇尔试验配合比设计方法，确定沥青混合料的材料品种及配合比、矿料级配、最佳沥青用量，并进行路用性能试验。

D.2 确定工程设计级配范围

D.2.1 沥青路面的混合料设计级配范围应符合 5.3.2 表 2 的要求。
D.2.2 本示例的矿料配合比设计借电子计算机的电子表格用试配法进行。矿料级配设计计算表、级配曲线图见表 D.1、图 D.1。

表 D.1 AC-16 矿料级配设计计算表示例

孔径(mm)	矿料规格(mm)种类				矿料规格(mm)种类				总计	级配	
					3号	2号	1号	矿粉			
					矿料配合比例(%)						
	3号	2号	1号	矿粉	45.0	20.0	33.0	2.0	100	中值	设计范围
	各规格矿料通过百分率(配合前)(%)				各规格矿料通过百分率(配合后)(%)				%	%	%
19	100.0	100.0	100.0	100.0	45.0	20.0	33.0	2.0	100.0	100.0	100
16	92.0	100.0	100.0	100.0	41.4	20.0	33.0	2.0	96.4	95.0	90~100
13.2	78.1	100.0	100.0	100.0	35.1	20.0	33.0	2.0	90.1	84.0	76~92
9.5	27.4	99.6	100.0	100.0	12.3	19.9	33.0	2.0	67.3	70.0	60~80
4.75	2.1	8.3	97.8	100.0	0.9	1.7	33.0	2.0	37.6	48.0	34~62
2.36	0.0	3.9	77.7	100.0	0.0	0.8	25.6	2.0	28.4	34.0	20~48
1.18	0.0	3.3	63.5	100.0	0.0	0.0	21.0	2.0	23.0	24.5	13~36
0.6	0.0	0.0	40.4	99.9	0.0	0.0	13.3	2.0	15.3	17.5	9~26
0.3	0.0	0.0	34.8	98.8	0.0	0.0	11.5	2.0	13.5	12.5	7~18
0.15	0.0	0.0	20.0	95.1	0.0	0.0	6.6	1.9	8.5	9.5	5~14
0.075	0.0	0.0	10.0	78.4	0.0	0.0	3.3	1.6	4.9	6.0	4~8

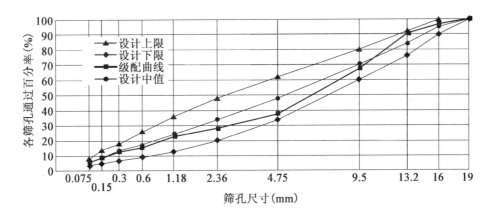

图 D.1 AC–16 矿料级配设计曲线图示例

D.3 马歇尔试验

D.3.1 本示例采用击实法成型马歇尔试件,真空法测定沥青混合料理论最大相对密度等,试验按照 JTG-E20 执行。

D.3.2 煤制油渣改性沥青混合料的石料加热温度与拌和温度较基质沥青混合料有所不同,试验技术要求见 5.3 和附录 C。

D.4 确定最佳油石比

D.4.1 本示例按 ±0.5% 的比例间隔变化取油石比,预估基质沥青混合料的最佳油石比为 4.5%。

D.4.2 根据沥青混合料的体积参数及马歇尔稳定度试验结果,确定基质沥青混合料的最佳油石比,本示例试验结果见表 D.2。

表 D.2 AC–16 型沥青混合料马歇尔试验结果

油石比 （%）	毛体积相对密度	稳定度 （kN）	空隙率 （%）	流值 （mm）	矿料间隙率 VMA(%)	沥青饱和度 VFA(%)
3.5	2.501	11.74	6.37	2.05	13.38	52.39
4.0	2.513	12.18	5.04	2.06	13.38	62.32
4.5	2.520	11.03	4.18	2.09	13.56	69.14
5.0	2.520	10.69	3.43	2.09	13.97	75.46
5.5	2.519	10.31	2.87	2.10	14.41	80.08

D.4.3 按照最佳油石比的计算流程,从图 D.2 可以看出,毛体积密度最大值对应的油石比 $a_1 = 4.6\%$,稳定度最大值对应的油石比 $a_2 = 4.0\%$,目标空隙率对应的油石比 $a_3 = 4.6\%$,沥青饱和度中值对应的油石比 $a_4 = 4.6\%$,则 $OAC_1 = (a_1 + a_2 + a_3 + a_4)/4 = 4.45\%$。同时,由试验结果可知,$OAC_{min} = 4.2\%$,$OAC_{max} = 5\%$,则 $OAC_2 = (OAC_{min} + OAC_{max})/2 = 4.6\%$,所以,最佳油石比 $OAC = (OAC_1 + OAC_2)/2 = 4.53\%$。综合考虑,最后选取基质沥青混合料的最佳油石比为 4.5%。

D.4.4 在已知基质沥青混合料最佳油石比的基础上,根据煤制油渣的特性,等量替换 20% 基质沥青使用量,即为煤制油渣改性沥青混合料的最佳油石比。经计算可得,本示例中煤制油渣改性沥青混合料的最佳油石比为3.6%。

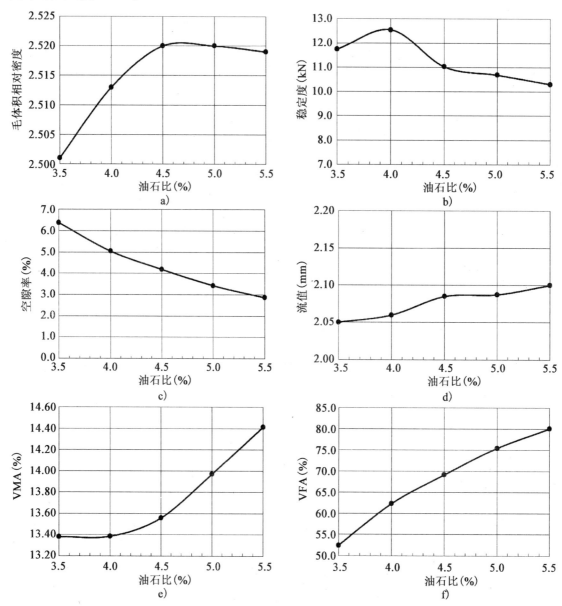

图 D.2 AC-16型混合料马歇尔试验结果

D.5 路用性能试验

D.5.1 按照确定的煤制油渣改性沥青混合料的最佳油石比成型试件，本示例中基质沥青油石比为3.6%，煤制油渣与矿料比为0.9%。

D.5.2 本示例路用性能试验方法按照JTG E20进行，试验数据如表 D.3 所示，路用性能满足规定的技术要求。

表 D.3 煤制油渣改性沥青混合料路用性能试验结果

项 目	单位	试验结果	技术要求
动稳定度	次/mm	4 728	≥3 500

表 D.3(续)

项　目	单位	试验结果	技术要求
残留稳定度	%	86.26	≥85
残留强度比	%	91.28	≥80
破坏应变	με	2 891	≥2 500